MANDALAS FOR YOUNGSTERS
MANDALAS ENFANTINS ET POUR LES JEUNES

MANDALAS FOR YOUNGSTERS
MANDALAS ENFANTINS ET POUR LES JEUNES

LOFT

Ilustrations and texts / Illustrations et textes
Sergio Guinot Studio, www.artesecuencial.com
Cover layout / Design de la couverture
Maira Purman
Layout / Mise en page
Guillermo Pfaff Puigmartí

© 2014 LOFT Publications
c/ Domènech, 7-9, 2º 1ª
08012 Barcelona
Spain / Espagne
Tel.: +34 932 688 088
Fax: +34 932 687 073
loft@loftpublications.com
www.loftpublications.com

ISBN 978-84-9936-991-4 [EN]
ISBN 978-84-9936-996-9 [FR]

Printed in Spain / Imprimé en Espagne

Mandalas' origins lie in India and were later extended to other cultures. Today some mandalas have been converted into icons of culture and belief, such as the Chinese *yin-yang*. In this book we have included more casual mandalas, which add a sense of fun and sparkle to conventional approaches. Figurative mandalas composed of elements such as animals, boats, musical imagery, sweets or decorations combine with humour to form fun and harmonious shapes. These images bring an earthly perspective to the mandala, closer to the thoughts and motivations of youth.

Les mandalas sont nés en Inde, d'où ils se sont ultérieurement répandus vers d'autres cultures.

De nos jours, certains mandalas sont devenus les icônes de différentes cultures et croyances, comme *le yin et le yang* chinois.

Ce livre comprend les mandalas les plus légers, ceux qui divertissent et ajoutent un peu de piment aux motifs conventionnels. Les mandalas figuratifs, composés d'éléments tels des animaux, des bateaux, des images musicales, des friandises ou des décorations se marient astucieusement afin de créer des formes harmonieuses et amusantes. Ces images font descendre le concept du mandala sur terre, en le rapprochant des motifs enfantins et pour les jeunes.

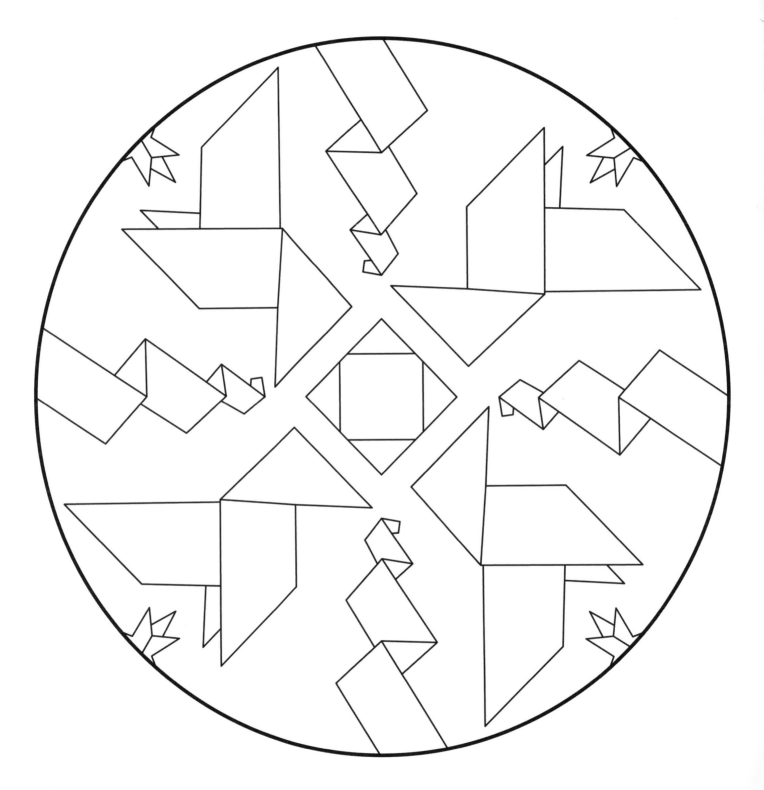

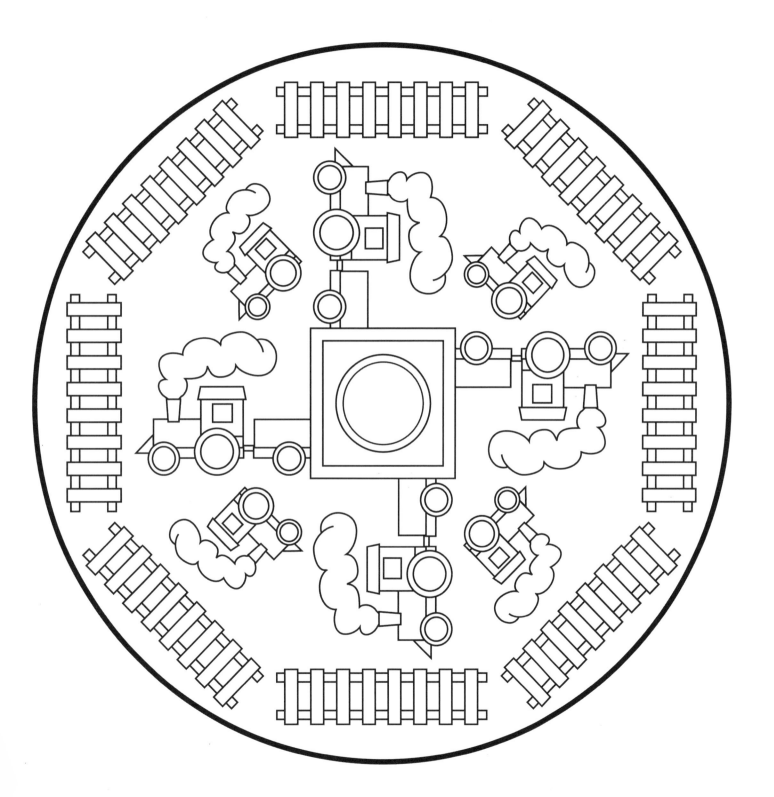

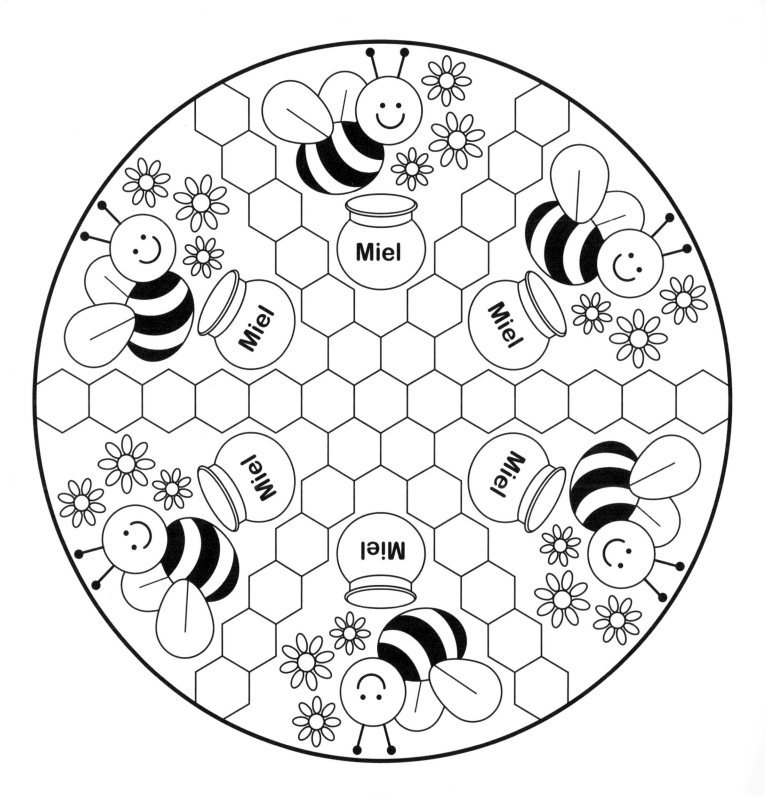

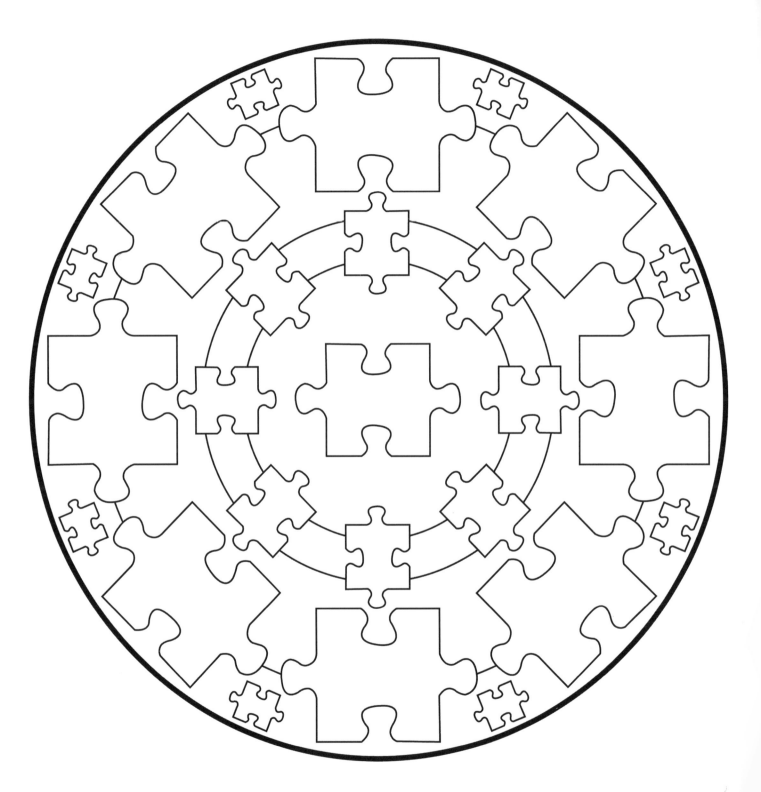

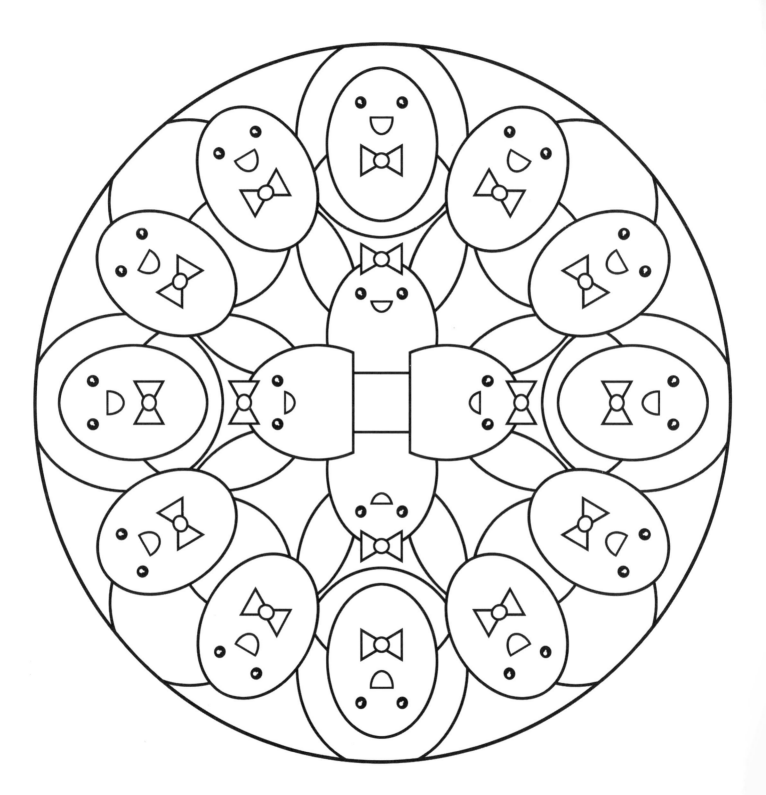

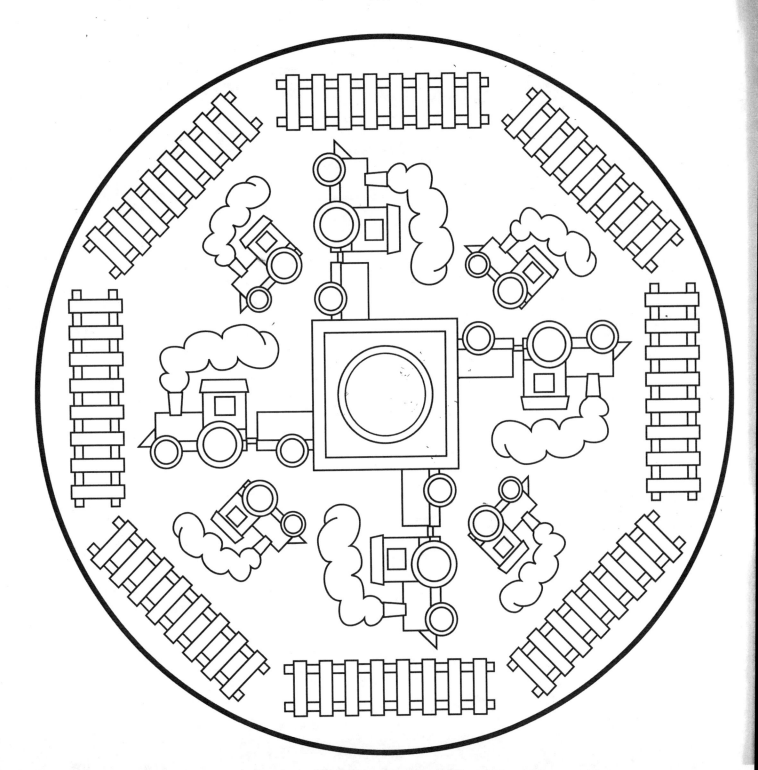

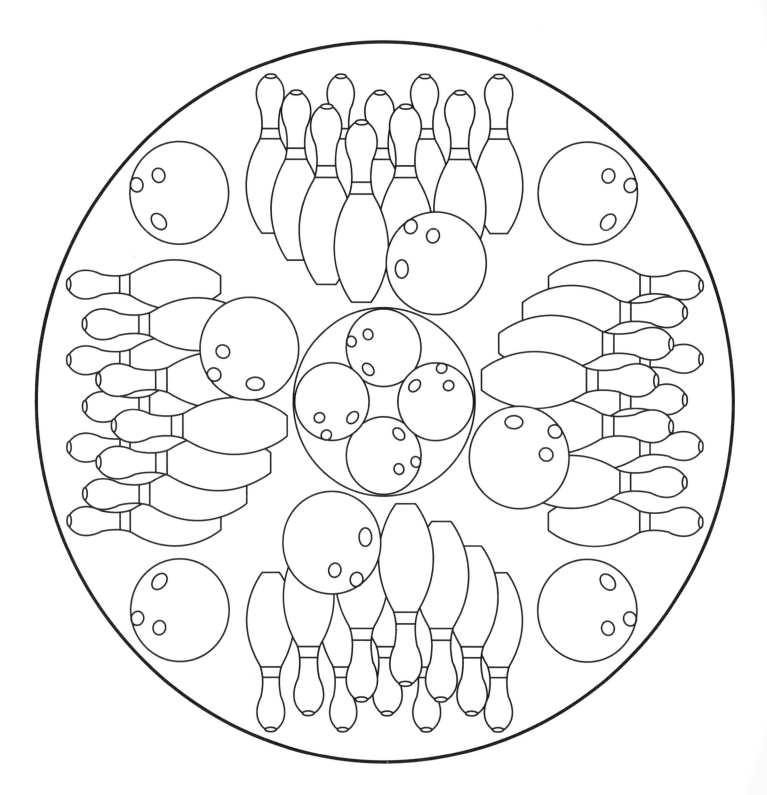

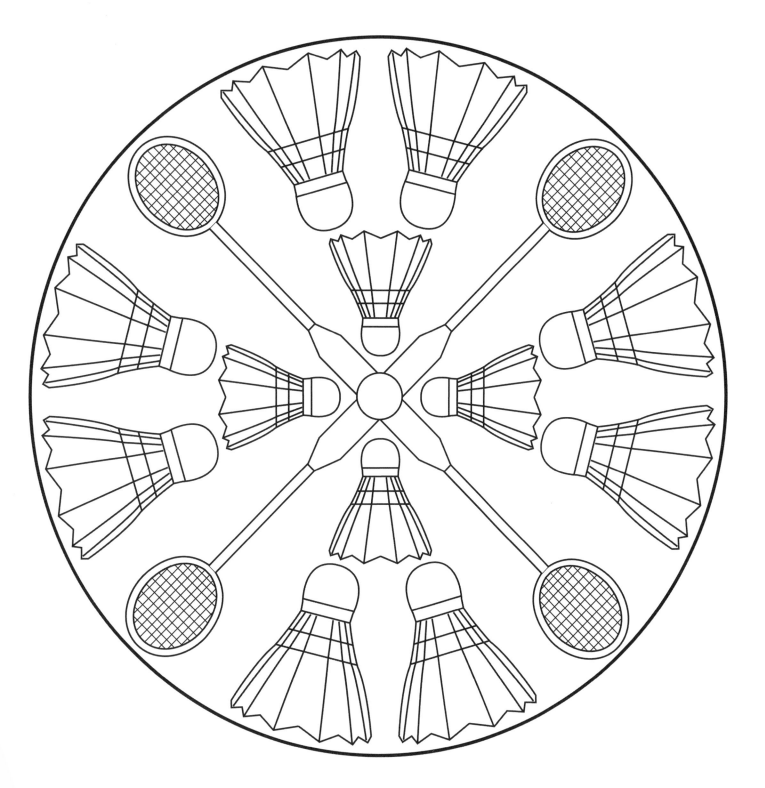

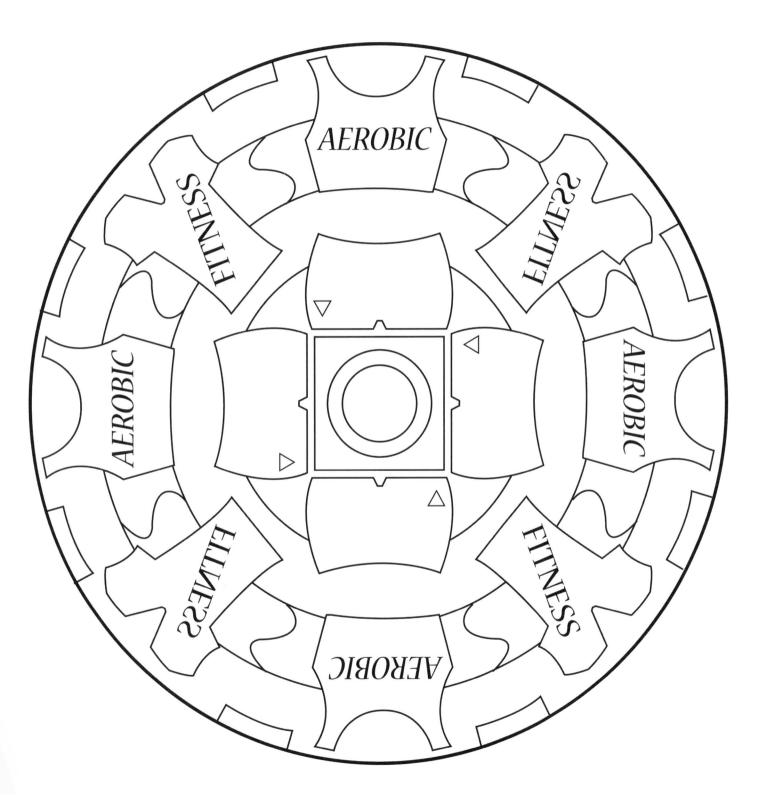

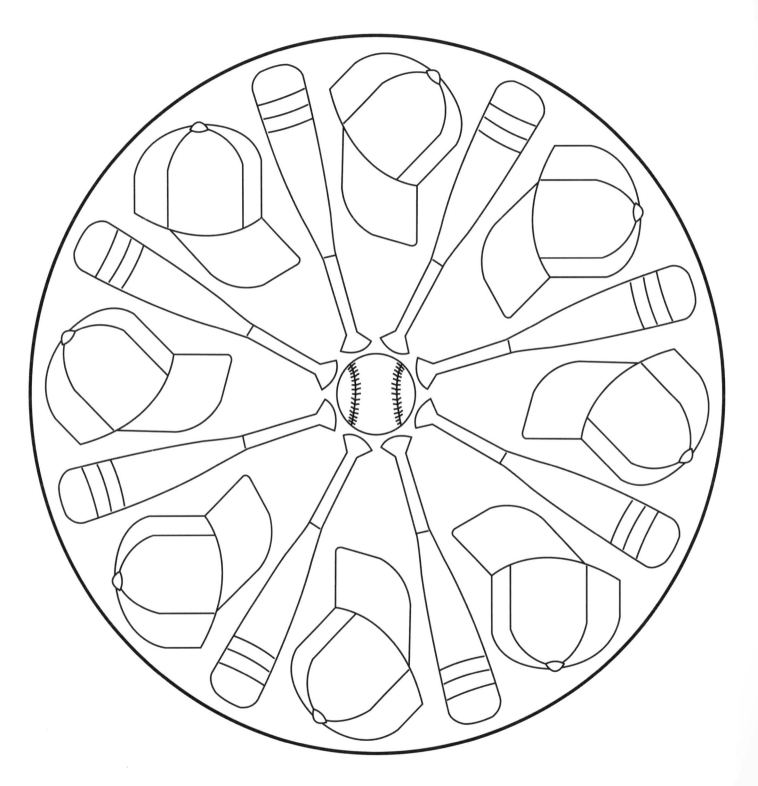

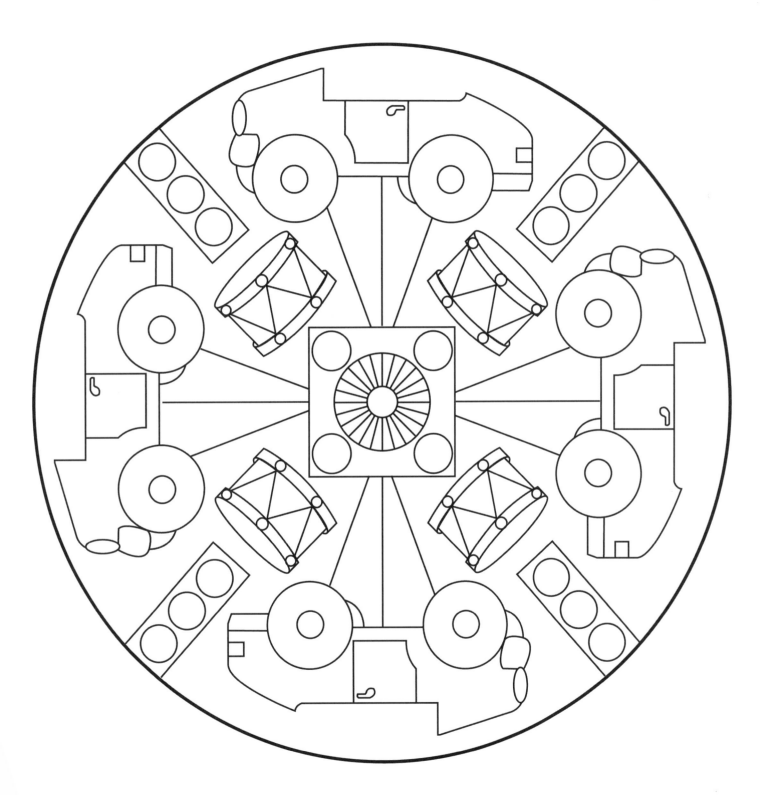

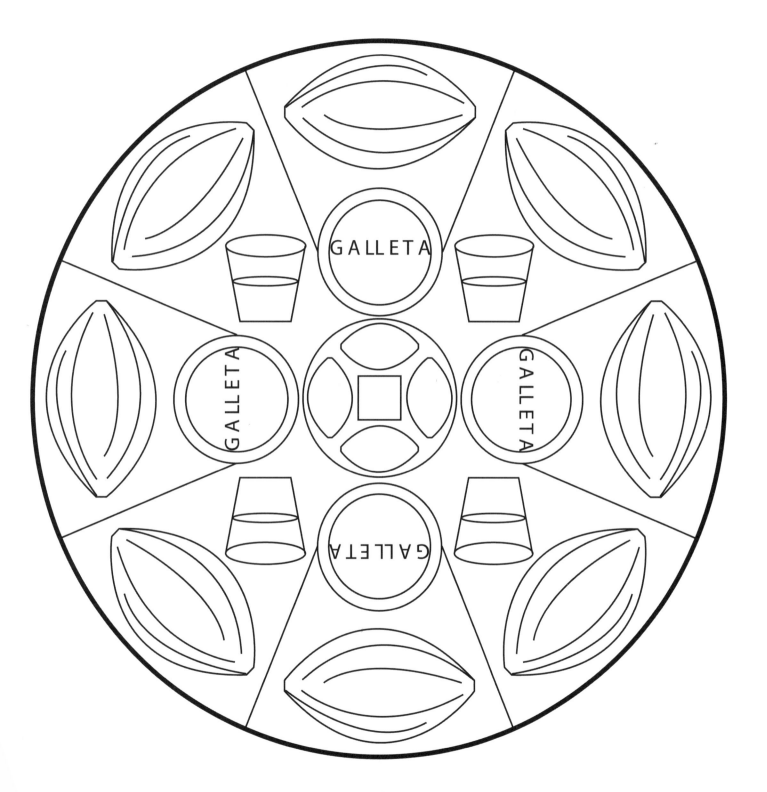

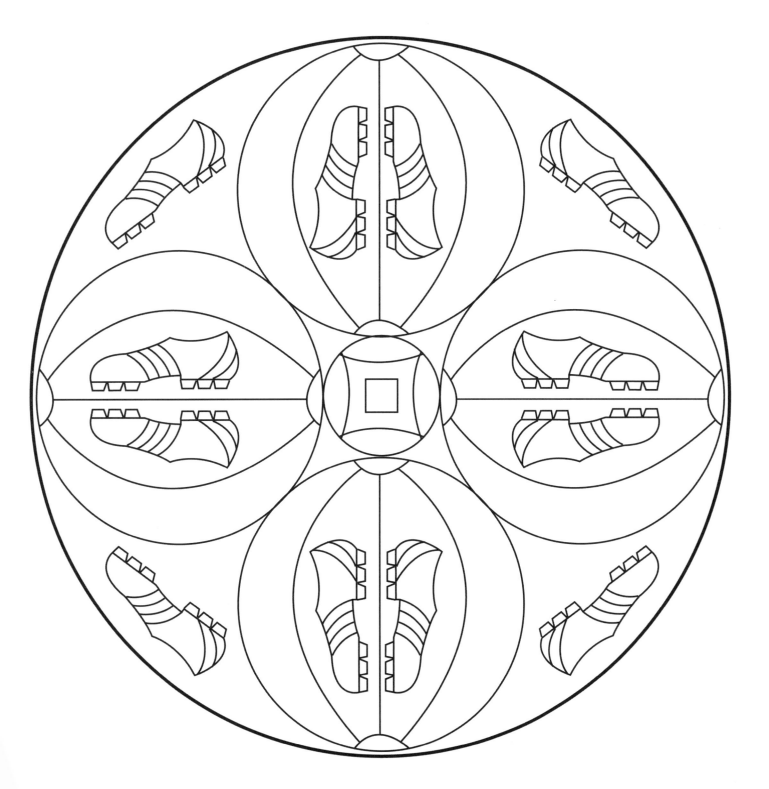

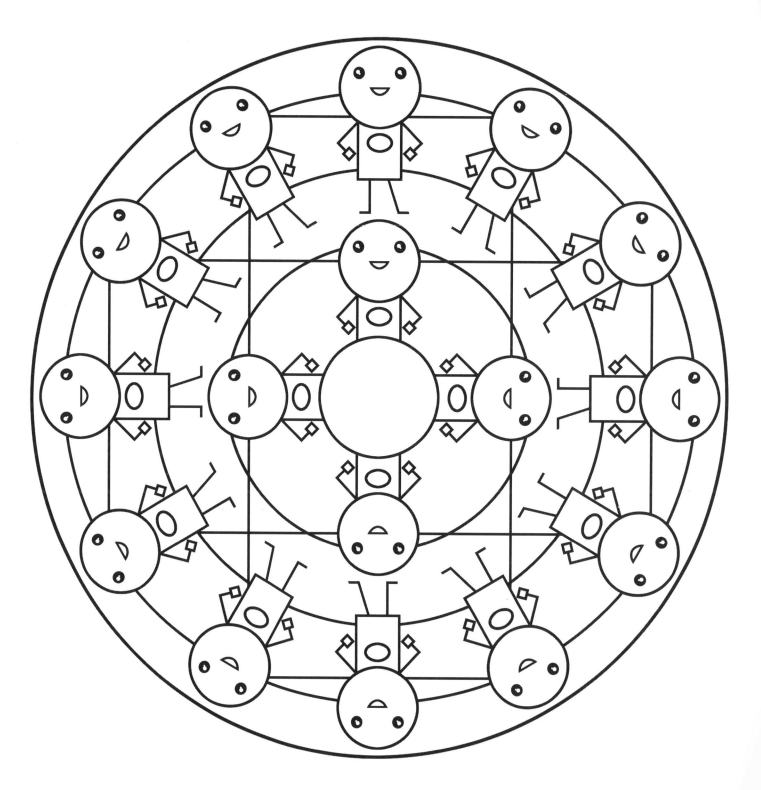

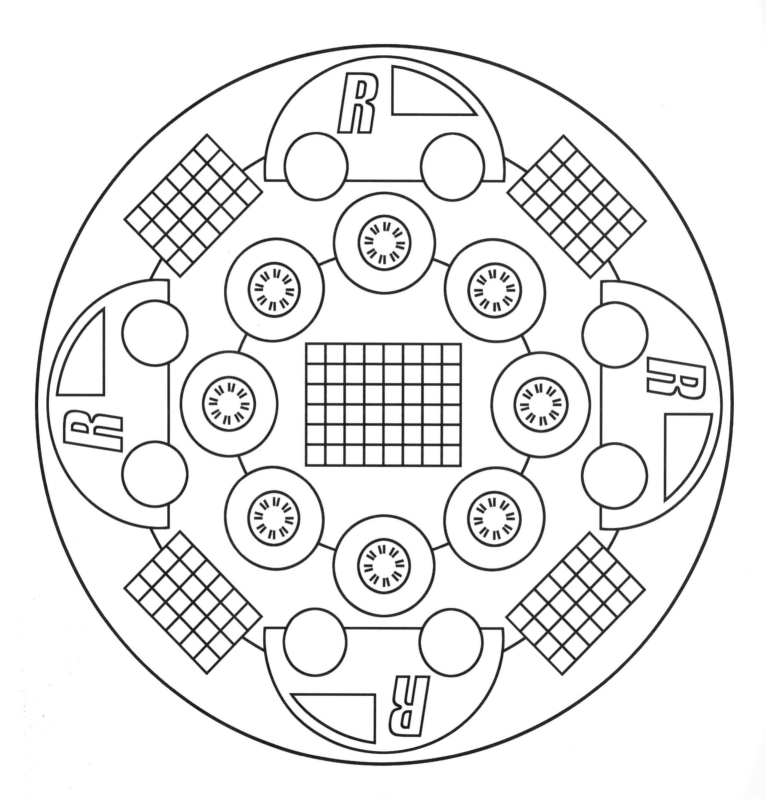

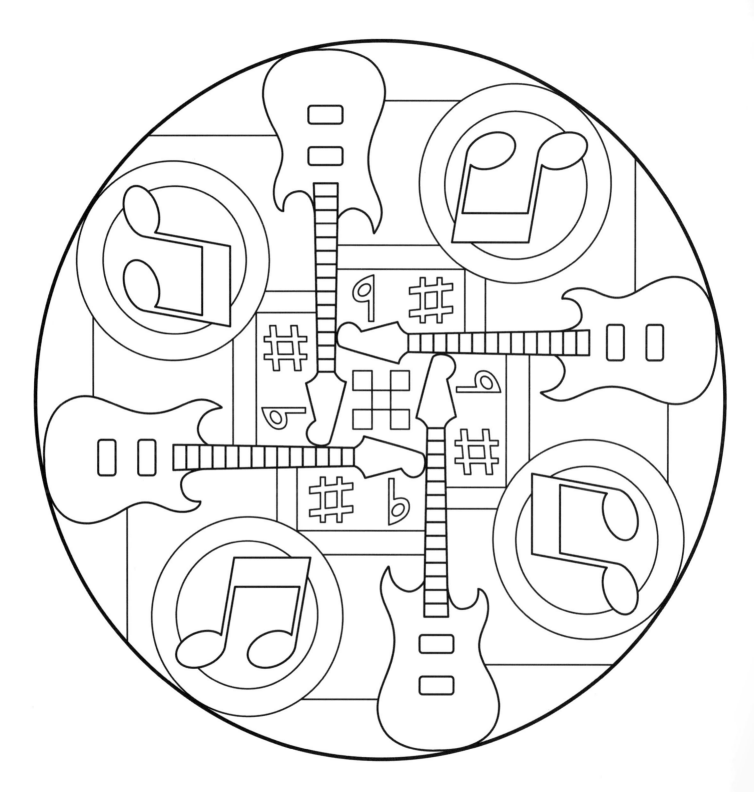

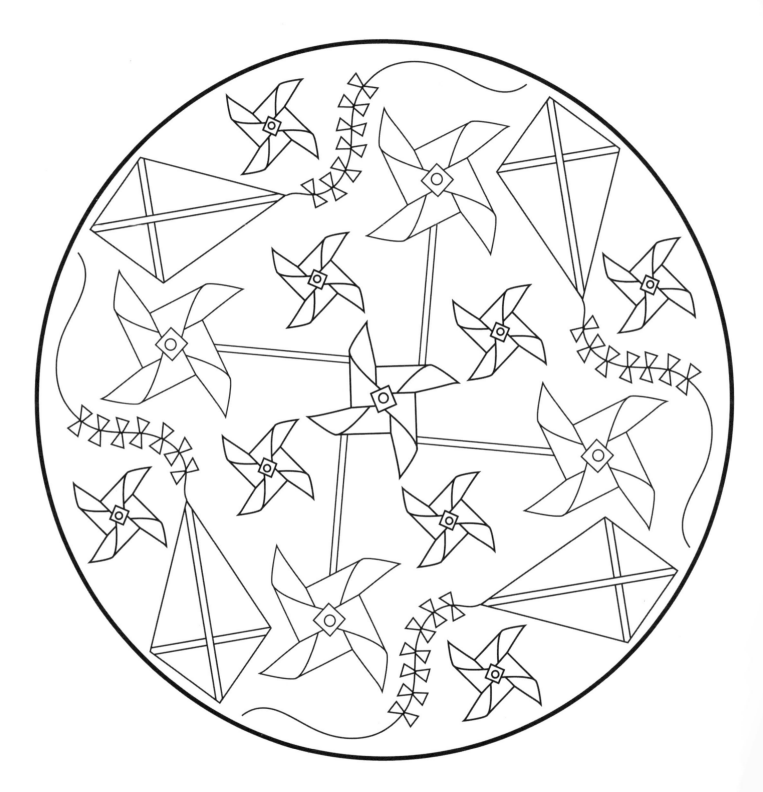

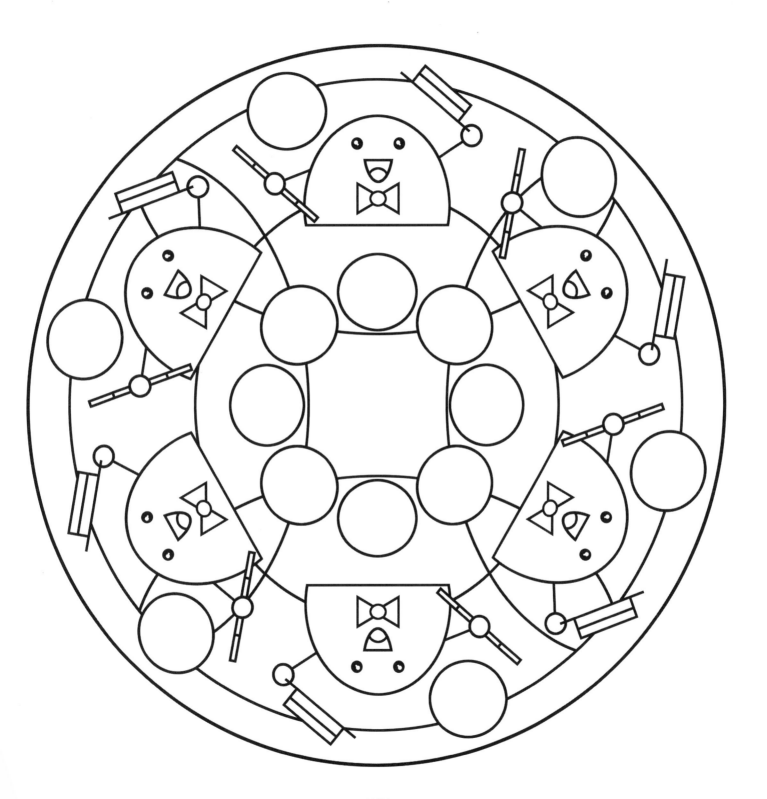

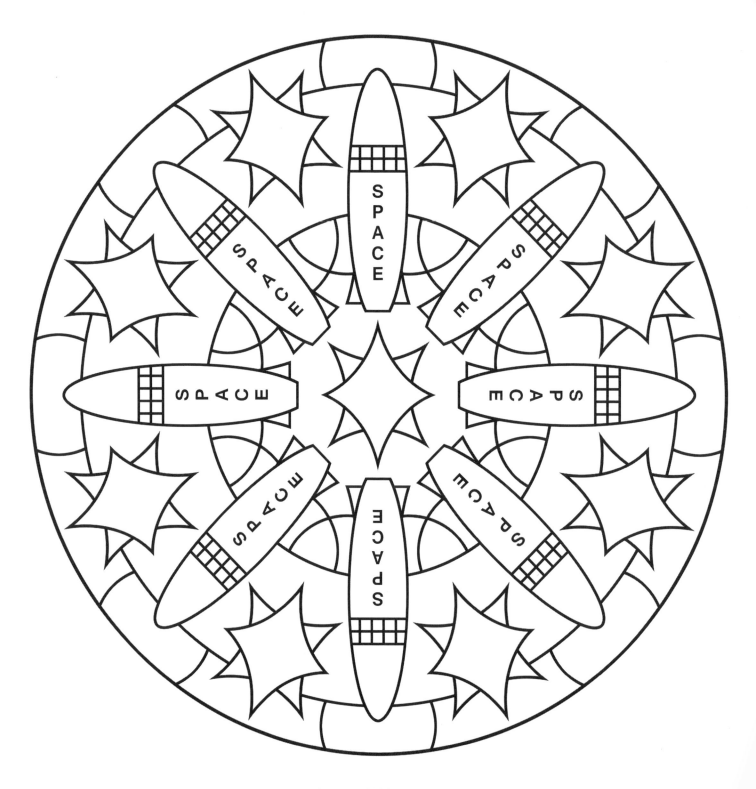